Motschi von Richthofen

Stubensegen - Wörterregen

Smile mit Deutsch

tredition GmbH
1. Auflage 2019

Verlag & Druck: tredition GmbH,
Halenreie 40-44,
22359 Hamburg
E-Mail: info@tredition.de
Geschäftsführung: Sönke Schulz, Sandra Latußeck

ISBN: 978-3-7323-0732-6 (Paperback)
ISBN: 978-3-7323-0733-3 (Hardcover)
ISBN: 978-3-7323-0734-0 (e-Book)

Die Menschen vergessen das Große und geben sich mit dem Kleinen ab. In der Einsamkeit ist das ganz anders. Der Mensch festigt sich in sich selbst und wird stark zu jeglicher großen Tat.

Der Mensch ist ein Geheimnis. Man muss es enträtseln, und wenn die es ein ganzes Leben lang enträtseln wirst, so sage nicht, du hättest die Zeit verloren. Ich beschäftige mich mit diesem Geheimnis, denn ich will ein Mensch sein.

Die Liebe ist eine gewaltige Kraft, sie ist die einzige unüberwindliche Kraft dieser Welt.

Fjodor Michailowitsch Dostojewski

Freigeist

Freie Geister verändern die Welt
Sie sehen und hören andersartig
Und wenn man sie einsperrt oder festhält
Verlassen sie die Bühne fluchtartig

Sie haben eine individualistische Empfindsamkeit
und manchmal radikalen Ansichten
mit einem hohen Maß an Einfühlsamkeit
zeigen sie neue Aussichten

Nietzsches Zarathustra ein Paradebeispiel
mit idealistischen ehernem Gedanken
mit nur einem einzigen unbeugsamen Ziel
zu öffnen die moralischen Schranken

Freigeister werden nur von ihresgleichen
wahrgenommen
und von den Zeitgenossen oft missverstanden
und gerade darum ist was Einzigartiges
hervorgekommen
und wird ihm im Nachhinein zugestanden

Frei ist der Geist
Frei das Denken

Ellenbogengesellschaft

Die Elle hat einen Bogen
der geradezu verlogen
seinen Weg sich bahnt
und was er nicht erahnt
es ist sein eigener Untergang
mit tosenden Gesang

Wieso wird er sich fragen
sollte er sich anders betragen
Jeder denkt zuerst an sich
und macht bloß keinen Abstrich
Leichen werden in den Keller gepackt
und im Unschuldswolf zerhackt

Rücksichtslosigkeit und Eigennutz
hauen hier gewaltig auf den Putz
und der doch so zielstrebige Bürger
wird zum Gemeinschaftswürger.
Und wenn er in den Spiegel blickt
ist Dorian Gray echt geknickt

Kein Armutszeugnis für die Bayern

Wir mussten es nicht schreiben
und ins Unverständnis treiben
denn der Bayer an sich intelligent
und achtet nicht nur jeden Cent.
Er sieht die Schönheit seiner Heimat
und weiß was er an ihr wirklich hat.
Denn wenn es keine Bienen mehr gibt
hat der Mensch sich ausgesiebt
so aberwitzig es auch klingt,
aber wenn kein Vogel mehr singt
ist die Spezies „Mensch" eine Lachfigur
von Verantwortung so keine Spur,
auch Unwissenheit schützt nicht
und hat im Universum kein Gewicht.
Ein kleiner Schritt der bayrischen Bevölkerung
Vielleicht der erste Schritt zur weltweiten Verbesserung
unseres Umgangs mit dem Boden auf dem wir leben
dem wir in der Zukunft auch Nahrung geben.
Zu wünschen wäre es ja schon
dieser ehrenwerte Nachhaltigkeitston

We will see
What will be shall bee

Lichterschlange

Die Lichterschlange windet sich durch die Täler
An manchen Stellen wird sie schmäler
An manchen Stellen teilt sie sich
Um wieder eins zu werden

In ihr sind abertausend Geschichten zu sehen
Man muss nur zoomen und in sie gehen
Und darf viele verschiedene Bilder
An seinen Augen vorbeiziehen lassen

Der Familienvater mit seinen Söhnen
Und wie sie ihn verwöhnen
Die Frau die ihm liebevoll
Ihr warmes Lächeln schenkt

Die Truck-fahrerin schon lang am Fahren
Sie kennt alle möglichen Gefahren
Und spricht mit ihren Kollegen
Was die Straßen noch so bringen

Die Jungs gerade Abi gemacht
Jetzt geht's in die Großstadt bei Nacht
Und es wird gefeiert ohne Ende
die Schule ist jetzt Vergangenheit

Die ältere Dame auf dem Weg Konzert
In ihrem schon etwas älteren Gefährt
Freut sich schon auf diesen Abend

Wo Musik die Seele betört

So hat jedes einzelne Licht
Seine eigene Geschicht
Und Schicksale die sich winden
In ihrem Lebensfluss

Antlitz

Wie wundervoll
Ich bin ganz toll
Komm zu mir
Mein Elixier
Weich und zart
Unglaublich apart
Es tut so gut
Und gibt mir Mut
Ein Herzensglück
Ein Meisterstück
Ein Augenschmaus
Fürs Seelenhaus

Liebeswelle

Über das Meer der Emotionen
rief er sie an, um ihr zu sagen,
wie sehr die Liebe seiner Visionen
laut schrie „wir müssen es wagen"

Er, der sich auf der Insel verkroch
hatte in sich das Herz entscheiden lassen
er fühlte in sich das tiefe Loch
und ohne sie war er einfach verlassen

So stieg sie in das Flugzeug voller Freude,
um ihn in ihre Arme zu schließen
und nichts gab es, was sie scheute,
um die Zuneigung zu begießen.

Auf seiner Insel angekommen,
fielen sie sich in die Arme voller Wonne
sie waren geradezu wie benommen,
ihre Seelen strahlten in der lichten Sonne

Sie gingen die Bucht entlang und sprachen
von ihrer gemeinsamen Zukunft im Leben
hier ein Kuss, eine Umarmung, ein Lachen
ihre Herzen begannen sich ineinander zu verweben.

Unendlich schien dieser Augenblick
dieses miteinander an der Klippe stehen
und beide schweiften mit ihrem Blick

in das gegenseitig-unendliche Verstehen.

Da plötzlich das Meer und seine Kraft
Empor schnellte eine Welle
Und hatte sie mit sich hinweggerafft
So mir nichts, dir nichts, auf die Schnelle.

Er kämpfte um sein Leben und blickte zurück
und versuchte sie, sein alles zu erretten
doch leider, leider hatte er kein Glück
und konnte nur noch sich selbst retten.

Das Meer hatte sie und ihre Liebe verschlungen
und keine Macht der Welt konnte es rückgängig machen
der Augenblick hatte ihr, nur ihr Leben erzwungen
und er konnte nicht mehr über ihr Leben wachen.

Wie grausam das Sein, oft sein kann
Das größte Glück in die Tiefe mitgerissen
Warum, wieso, was hatte man nur getan
Das liebende Herz wurde herausgerissen.

Nie mehr wird dieser Blick über die unendliche Weite
wunderbar das Herz berühren,
denn immer blickt man auf die andere Seite,
um das Vergangene zu erspüren.

Beauty

When I think of beauty
I think of Frankenstein

He lived under the house
And learned by listening
He ate like his neighbor the mouse
And started to love this human being

He heard them speaking about the good
And what counts the most like love and happiness
He even brought them fire wood
And honored their great righteousness

He went to the blind old man
And talked with him about the meaning of life
And talked about his own plan
His own ideas which kept him alive

One day suddenly his outside was seen
And the inner beauty had no value at all
It seemed to him like a terrible keen
And he started to hide behind his inner wall

So real beauty we can not see
Except with our heart
But who is prejudice-free
And starts with pure art

Beauty is everywhere
we just need to open our mind
it*s the real flair
needed to be find and being kind

Einfall

Das Licht fällt ein
In mein Hirn hinein
Und gibt mir unbesehen
grandiose Ideen

Rollstuhl

Gefesselt und dennoch frei
Unbeweglich und doch mobil

Der Unterstützer meiner unteren Extremitäten
Durch ihn komm ich zu Aktivitäten
Die sonst nicht so möglich wären
Und ich müsste mich vor Kummer verzehren

Gefesselt und dennoch frei
Unbeweglich und doch mobil

Durch ihn komme ich fast überall hin
und sehe im Leben einen tieferen Sinn
ich kann die Welt bereisen und viel sehen
nur leider nicht auf die Berge gehen

Gefesselt und dennoch frei
Unbeweglich und doch mobil

Und dennoch ist er mein Wegbereiter
Und mein ständig rollender Begleiter
Er erfreut mein Sein durch seine Mobilität
Auf dass die Zeit abenteuerlicher vergeht

Gefesselt und dennoch frei
Unbeweglich und doch mobil

Großjährigkeit von Tobias

Endlich Volljährig sein
und in die neu Freiheit hinein
Jetzt kannst du die eigene Wohnung mieten
und bei E-Bay auf alles bieten
Hochprozentigen Alkohol frei kaufen
und in coole Nachtclubs laufen

Einfach genial, sein eigener Herr
Einfach tun und lassen was man will

Endlich 18 Jahre geworden
Offiziell den Selbstbestimmungsorden
Nun hast du alles in deiner eigenen Hand
und kannst weise und mit Verstand
deine Zeit so gestalten, wie es dir gefällt
und alleine reisen, um die große weite Welt

Einfach genial, sein eigener Bestimmer
Einfach tun und lassen nun für immer

Endlich die Kindheit hinter sich lassen
und nun easy und ganz gelassen
Deine erste Wohnung dir besorgen
und Aktionen machen schon am morgen
Endlich ganz allein Auto fahren
und sich weiterhin die Flausen bewahren

Einfach genial, sein eigener Meister

11

Einfach tun und lassen was man will

Du bist jetzt erwachsen, die Welt steht Dir offen,
da kann man nur das Beste hoffen.
Mach keinen Unsinn und halte Dich munter,
dann wird Deine Welt nun sehr viel bunter.
Jetzt bist Du im Kreise der Großen drin,
keine Sorge, das kriegst Du schon hin!

Einfach genial, sein eigener Held
Einfach tun und lassen was einem gefällt

Mit 18 Jahren werden Kindheitsträume greifbar.
und so vieles Andere wird erreichbar!
Drum nutze all die vielen Möglichkeiten!
Und erlebe so geniale und coole Zeiten!
Strebe nach den Dingen, die sich Dir in Zukunft zeigen!
Wir lieben Dich und werden Dir unter die Arme greifen!

Happy Birthday wünschen wir dir alle …

Almabtrieb

Wunderbare Zeit verbracht
Und nun in voller Pracht
Gehen wir wieder ins Tal
In den heimatlichen Stall

Wir sind reich beschmückt
Und jeder ist verzückt
Wir strahlen die Schönheit aus
Kraftvoll vom Alpenschmaus

Umjubelt und bestaunt
Sind wir alle gut gelaunt
Und nach den hundert Tagen in den Bergen
Lässt sich unser Frohsinn nicht verbergen.

Wunderbare Zeit verbracht
Und nun in voller Pracht
Gehen wir wieder ins Tal
In den heimischen Stall

Entfaltung

Sich auffalten
Sich einschalten
Sich ausbauen
Sich vertrauen
Sich formen
Sich brainstormen

Jeder hat das Recht
Jeder ist ein Hecht
Jeder hat Stärken
Jeder mit Kunstwerken
Jeder hat seine Welt
Jeder ist ein Held

Gedankengut

Positive Gedanken
Öffnen alle Schranken
Es tut gut
Und gibt Mut

Nur Gutes denken
und Freude schenken
wild und ganz toll
hier das Glas ist voll

Gedanken können verändern
und Berge versetzen

Doch so manches Gedankengut
Ist nicht wirklich gut
Denn alles was zerstörerisch denkt
Ist in sich ja sowas von beschränkt

Drum ist es geradezu ein Muss
diesen heiteren Positivismus
durch sich in allen Gassen
einfach sprechen zu lassen

Flashback

Da ist er wieder
der wundervolle Duft
Ich höre wieder Lieder
und atme süße Luft

Die Kindheit kommt zurück
Sie bleibt auch mehrere Sekunden
Ich bin der Zeit entrückt
und fühle jene damaligen Stunden

Die Erinnerung ist so intensive
real ich kanns kaum glauben
und richtig gehend extensiv
Sind es die losen Schrauben?

Im Hirn sind sie alle angezogen
aber Nachhallerinnerungen gibt's nun mal
ich hab mich einfach selbst belogen
und hatte auch keine wirkliche Wahl

Responsibility

Who is responsible for our environmental challenges?
Who is responsible for our nuclear armament?
Who is responsible for our still existing racism?
Who is responsible for our transnational crime?
Who is responsible for our worldwide hunger?
Who is responsible for our religious wars?
Who is responsible for our financial imbalance?
Whom can we blame for all unnecessary actions?

We every single person is the master of our fate

We need to change our environmental challenges
We need to stop for our nuclear armament
We need to expel our still existing racism
We need to abolish our transnational crime
We need to face worldwide hunger
We need to tolerate all religions
We need to create a new financial balance
We can*t blame others

We every single human is the captain of our future

Excitement

Excitement is
the dot on top of ideas

Excitement is
the pigment of colors

Excitement is
joy in working

Excitement is
the blossom of curiosity

Excitement is
the seed of creation

Excitement is
the salt for activity

Excitement is
the diamond within the ring of life

Humankapital

Die Mitarbeiter und dessen Fähigkeiten
denn sie schaffen neue Möglichkeiten
für das Unternehmen Ziele umzusetzen
und sich miteinander zu vernetzen

Mehr als nur reine Produktions- und Kostenfaktoren
sind sie die wirtschaftlichen Drehbuchautoren
und schreiben die Jahresberichte
und natürlich die Unternehmensgeschichte

Jede einzelne Person bedarf der Förderung
und insbesondere die operationelle Wertschätzung
denn man möchte ja Erfahrungen behalten
und mit ihr die Zukunft gestalten

Intellectual Capital kann man es nennen
oder als immaterielles Vermögen erkennen
ganz gleich, - Wissen, Erfahrung und Motivation
sind Fundamente der Unternehmensvision

Wachstumstheorie

Wachsen, wachsen immer mehr
ist auch gar nicht schwer
denn es liegt in der Natur
und der menschlichen Struktur

Club of Rome haben sich einst getroffen
und haben ganz intelligent und offen
festgestellt, dass alle ökologischen Zeichen
sagen „stellt mal eure eignen Weichen

Bedauerlich ist noch zu wenig passiert
und die Welt ist noch nicht aktionsorientiert
der Primat hängt halt noch fest
aber nicht auf dem Oktoberfest

Permakultur kennt noch kaum einer
auch nicht Ostrom oder Steiner
na da ist noch sehr viel Luft
nach oben aus der Idiotengruft

Gutmensch

Humanistische und altruistische Lebensziele
haben dies Personen im Sinn
und leider gibt es ihrer nicht wirklich viele
denn da ist ja allgemein kein Gewinn

Wie Shen Te gutherzig und selbstlos
einfach für den Anderen mitdenken
und bei Hilfe nicht die Hände verschränken
denn alles andere ist bedeutungslos

Politisch korrekt ist ja auch ne feine Sache
Auf das ich nicht gleich lauthals lache
denn letztlich wäre es zwar sehr empfehlenswert
aber wer steht schon gerne hinterm Herd

Augenweide

Ich sehe mir den Berg an
ehrfurchtsvoll auf seine gewaltigen Felsen

Ich sehe mir den See an
Es glitzert der Wiederschein der Sonne

Ich sehe mir die Rose an
fasziniert von ihrer Blütenpracht

Ich sehe mir die Wiese an
bezaubert von der Farbenvielfalt

Ich sehe mir den Adler an
begeistert von seinem Flug in den Lüften

Ich sehe mir den Regenbogen an
Verzaubert von seiner leuchtenden Kraft

Ich sehe mir das Bild an
und tauche ein in die Welten der Malerin

Ich sehe mir das Gesicht an
Und erhasche den Hauch von Perfektion

Ich sehe, ich sehe, ich sehe
und erkenne die Schönheit in allen Dingen

Backfisch

Backe backe Kuchen
Die Jugend hat gerufen
Sie ist grad am Suchen
Und scharrt mit den Hufen

So voller Unschuld im Seelchen
In der Hand das Berg-Veilchen

Glitschiger Fisch
in allem sehr euphorisch
Erkennt gerade die Weiblichkeit
und zeigt kokett ihre Schönheit

So voller Unschuld im Herzen
Liebt sie es zu scherzen

So sind es jetzt die Backfischjahre
es kommen überall jetzt Haare
und die Pubertät ist im vollen Gang
und ein enormer Entwicklungsdrang

So ist es um den Backfisch bestellt
Der Tee-nager ins seiner Traumwelt

Bauchpinseln

Ich bin der neue Maler
und pinsle deinen Bauch
Weich ist der Pinsel und muss es auch

Ich pinsle hier, ich pinsle da
Und male wie es dir gefällt, so zart ich kann
Und zieh dich in meinen zauberhaften Bann

Ich kleckse Komplimente
Und überhäufe dich damit richtig ohne Ende
Auf das ich dich geradezu verblende

Hier und da nen Strich
So hab ich dich

Behutsamkeit

Ruhig und sanft
Mit dem gegenüber umgehen
Eine wunderbare Tugend und Eigenschaft

Aufmerksam und achtsam
Auf die Charaktere und Bedürfnisse eingehen
Ein großartiges Merkmal für die Wahrnehmung

Dreikäsehoch

Na du kleiner Rabauke
Haust wieder auf die Pauke
Und machst verrücke Dinge
Und ziehst dich aus der Schlinge

Na du kleiner Pimpf
Nicht das ich wieder schimpf
Für die Flausen im Kopf
Ich pack dich gleich am Schopf

Na du kleiner Frechdachs
Werde groß und wachs
Damit du die drei Leiber überragst
Und dich zu neuen Höhen wagst.

Eselsbrücke

Es gibt Dinge, die wollen nicht bleiben
Man kann sie noch so oft schreiben
Da ist dann eine Brücke als Steg
Für den Esel der allerbeste Weg
Denn ob nun 333
Issos Keilerei
Oder
Spuckst du nach Luv, kommt's wieder ruff.
Spuckst du nach Lee, geht's in die See.
Es sind die kleinen Reime
Die wie Wurzelkeime
Sich tief in die Hirnwindungen fressen
Dann kann man's auch nicht vergessen

Luftschloss

Ich baue dir Luftschlösser
Groß und wundervoll
Sie glitzern bis zum Himmelsmeer
Wundersam und ausdrucksvoll.

Mauerblümchen

Auf der Mauer ist ein Blümchen
Steht wie angewurzelt
Alle gehen vorbei
Und sehen es nicht
Es ist so unscheinbar
Und steht so ganz fein
Keiner kommt und bleibt ein Weilchen
So tanzt es ganz allein

Nesthäkchen

Ach wie schön ist es doch zu haus
Man muss nicht in die weite Welt hinaus

Kann gemütlich alles nutzen
Das Familienauto benutzen

Und ist wohlig eingebettet
Wird auch immer errettet

Einfach perfekt was will man mehr
Es gefällt mir hier ja wirklich sehr

Und die Eltern erfreute es auch
Ist bei vielen ja ein Brauch

So bleib ich gechillt im Familiennest
Und das Sein tut seinen Rest

Pustekuchen

Ja cochem, aber nicht lamdon
Da gibt es kein Pardon
Ja echt von wegen
Kannst dich winden und regen
Da liegst du einfach falsch

Abkupfern

Der Kupferstecher
Mit handwerklichen Fähigkeiten
War als Fälscher gut geeignet
Zeichnen konnte er ja auch
Eine gute Gelddruckmaschine
Eine Kopie hier
Ein Plagiat dort
China mit unter die Besten
Aber auch im Westen

Schwermut

Das Kreuz zu tragen
Und nicht verzagen
Ist nicht leicht
Ich bin erbleicht

Oh Melancholie
Meine Poesie.

Ich blicke tief
Bin depressiv
Erfühle die Welt
Und sich verhält

Oh Melancholie
Meine Strategie

Ein Versinken
Ein Ertrinken
Bin umhergeirrt
Und bin verwirrt

Oh Melancholie
Sie ist es sie

Fernweh

Meine Gedanken schweifen in die Ferne
An jenes Land weit weit weg
Ach wie unglaublich gerne
Wäre ich jetzt an diesem Ort

Ich stelle mir die Düfte und die Töne vor
Die Menschen auf dem Basar
Indien, Neuseeland oder Ecuador
Ganz gleich nur einfach reisen.

Ich habe Wanderlust in die Weite
dem Engen möchte ich entkommen
Nur leben auf der anderen Seite
und neues in mich aufnehmen

So ist es um mich bestellt
Es zieht mich in die Welt hinaus
zu jenem entfernten Sternenzelt
Der Abenteurer muss einfach raus

Frühlingserwachen

Die Bienen summen
Die Blüten zeigen sich
Die Sonne strahlt wärmer

Alles erwacht wieder zum Leben
Der Winterschlaf ist vorbei

Der Igel kommt aus seinem Laub
Der Zugvogel fliegt wieder zurück
Der Frühling klopft leise an

Alles freut sich auf die Neugeburt
Der Schnee schmilzt langsam fort

Es ist einfach wunderbar und wundervoll

Habenichts

Ist er reicher als die anderen
Weil er nichts hat

Er hat nichts was von Wert
Kein Gold und kein Haus

Ist er reicher als die anderen
Weil er nichts hat

Er hat nichts was er sein Eigen nennt
Kein Auto und kein Geld

Ist er reicher als die anderen
Weil er nichts hat

Er hat nichts als sich selbst
Ein Geist und ein Denken

Hoffnungsschimmer

Düster ist es düster
Alles geht den Bach hinunter
Ach und es wird immer wüster
und zieht mich immer weiter runter
Murphy pur, zum Trübsal blasen
Keine Spur, ins Desaster rasen

Und da ein Glimmer
Ein kleiner Schimmer
Ich glaub es kaum kann ich es wagen
Der Hoffnung hinterher zu jagen
Ein Licht ein Licht in all dem Dunkeln
Hier und da ein helles Funkeln

Steckenpferd

Das Steckenpferd auf dem ich reite
Zeigt mir die Offenheit und Weite
Macht sichtbar mir integres Handeln
Und sich stets zu wandeln

Mein Steckenpferd galoppiert mit mir
Und zeigt mir wie fatal Hass und Gier
Für den Charakter sind
Und sie verwehen gleich im Wind
Disziplin ein guter Zügel
Erhebt sich mit neuem Flügel
Kann vieles positiv gestalten
Frei und aufmerksam schalten
Es hat viele Fähigkeiten
Auf denen zu reiten
Als dankbar empfunden wird
Gefolgt vom Seelenhirt.

Das Steckenpferd auf dem ich reite
Zeigt mir die Offenheit und Weite
Macht sichtbar mir humanes Handeln
Und sich stets zu wandeln

Stehaufmännchen

Egal wie oft das Schicksal ihn beutelt
Ihn in die Knie zwingt
Ihm Ungemach bringt
Er steht immer wieder auf

Egal wie viel Misserfolge ihn heimsuchen
Ihn zu Boden werfen
Ihn ohne Ende nerven
Er rafft sich wieder auf

Egal wie oft ein Rückschlag kommt
Ihn straucheln lässt
Ihn Glück verlässt
Er springt wieder auf

Vorfreude

„Es wäre besser gewesen, du wärst zur selben Stunde wiedergekommen", sagte der Fuchs. "Wenn du zum Beispiel um vier Uhr nachmittags kommst, kann ich um drei Uhr anfangen, glücklich zu sein. Je mehr die Zeit vergeht, um so glücklicher werde ich mich fühlen. Um vier Uhr werde ich mich schon aufregen und beunruhigen; ich werde erfahren, wie teuer das Glück ist. Wenn du aber irgendwann kommst, kann ich nie wissen, wann mein Herz da sein soll ...."   Antoine de Saint-Exupéry: Der kleine Prinz

Ich seh schon das Geniale
Das Wundervolle was bald kommt
Kann Stunden zuvor das Glück genießen
Bis zum Hauptfinale

Die Zukunft in mir beschworen
Ein Schnitzel freut sich kaum mehr
Der Emotion freien Lauf gelassen
Gefühlt in allen Poren

Krimskrams

So ein Gerümpel, so ein Plunder
Da ist es auch kein Wunder,
dass man nichts mehr sieht
und dem zu Haus entflieht

Eine Menge wertloser Kleinigkeiten
die einen nutzlos begleiten
Ein Durcheinander sonders gleichen
Dadurch kann man nix erreichen

Hat der Ramsch einen Sinn
und hat er einen Gewinn?
Weg damit und mit wenig Sachen
Wertvoll und Schönes machen

Kummerspeck

Ich muss essen
Und meinen Gram vergessen
Hier noch ne Schokolade
Dort ne Limonade
Alles was mir jetzt gut tut
Und meinen Mut
Einfach unterstützt
Und mich beschützt
Ich brauche heute
nur Gaumenfreude
und solang ich noch
ins tiefe Loch
mit meiner Seele falle
hab ich Fressintervalle
Die innere Leere füllen
mit mehr Schutzhüllen
Hier nen Braten dort nen Eis
Zu viel Hüftgold, ja ja ich weiß

Wonneproppen

Dick und wohl genährt
Lächelt der kleine Balg
Die Baus Bäckchen sind rot
Und das Krabbeln erschwert
Einfach süß und zum Knuddeln
Das Herz beglückt und froh

Pummelig und recht adrett
Die junge kleine Dame
Hat zwar viel Speck
Aber total nett
Einfach süß und zum Knuddeln
Das Herz erfreut und verzückt

Papperlapapp

Ach dummes Geschwätz
Das ich echt nicht schätz

Blablabla nichts zu sagen
Nur unsinnige Aussagen

Leeres törichtes Gerede
Auf das ich nicht stehe

Papperlapapp
Ich schnapp

Weltschmerz

Das Gefühl der Welt in mir
All diese Macht und Habgier
Die Regenwälder schwinden
Tiere die keinen Platz mehr finden
Episoden die zerstören
Kriege die empören
Plastikberge werden mehr
Vermüllt ist das Meer
So gibt es tausend Sachen
die Trauer entfachen
über diese Unzulänglichkeit
die zum Himmel schreit
Nur noch Lebenswehmut
verflogen ist der Mut.
Die Hoffnung starb zuletzt
Und wurd nicht umgesetzt.

Ohrwurm

Der Wurm ist im Ohr verschwunden
und hat ne Melodie gefunden
die hört er ganz munter
rauf und runter
und wird es auch nicht leid
das gleiche die ganze Zeit
man kriegt ihn auch kaum raus
er bleibt gemütlich im Trommelhaus
und will man ihn rausziehen
versucht er zu entfliehen
Dieser Wurm, ja so ein Schlingel
mit seinem Musikgeklingel

Familiengericht – Richterin D.

Der Mensch, der Richter ist über andere, muss von sich
wissen, dass er kein endgültiger Richter, vielmehr selber
ein Sünder ist, dass die Waage und das Maß in seiner
Hand sinnlos sind, wenn er sich nicht selbst vor dem
Gesetz des noch unerforschlichen Geheimnisses beugt
und nicht in dem einzigen Ausweg seine Zuflucht sucht:
in der Barmherzigkeit und Liebe.
Fjodor M. Dostojewski, Tagebuch eines Schriftstellers

Leider kam hier nicht die Liebe ins Spiel
und es schien auch nicht der Richterin Ziel
in Sache Mutter / Kind Beziehung
nach aller oberflächlichen Untersuchung
den richtigen Sachverhalt zu erkennen
und die Wahrheit zu benennen.
Nein es wurde dem Vater, der leider krank
in erster Instanz anhand der Datenbank
Glauben geschenkt
und auch nicht eingelenkt
Nur die Verspätungen der Mutter
als negatives Fingerzeig Futter
wurde im Gericht angemerkt
und das Wichtigste ward unbemerkt:
„es wurde nicht für den Sohn gedacht
in dieser seelenlosen Rechts-Schlacht"
Die Richterin die Macht in der Hand
hat sich dem integren Handeln abgewandt
konnte hier und da mal scherzen

aber sah nicht mit dem Herzen
Was im Familienrecht unabdingbar
das ist ja zweifelsohne jedem klar
Aber ihr wohl nicht
und in ihrem Gericht
schien es keine Empathie zu geben.
Was für ein unlauteres Streben!
Bedauerlich muss man schon sagen
und würd die Erfahrung gern verjagen.

So wurde dem Sohn die Mutter entzogen
es wurde angeprangert und gelogen.
Jugendamt ein Grauer Weber
der gerichtliche Auskunftsgeber
hat auch nur eine Seite gesichtet
und so eindimensional gerichtet.
Summa summarum eine Katastrophe
und hier als Schlussstrophe.

Wer nicht mit dem Herzen sieht
und jemanden sein Recht entzieht
der sollte sich selbst reflektieren
und sein eignes ICH neu adjustieren

Der innere Schweinehund

Überwinden muss ich dich
Oh je das ist nicht leicht
Tief hinein zu meinem ich
und nur ein vielleicht

Wie lock ich dich nur
Und bringe dich auf Spur
Wie wickle ich dich ein
Mein kleines Stachelschwein

Du wehrst dich wie ein Hund
Du Dickkopf ich mach dich rund
Spring über deinen Schatten
Und denk nicht ans Ermatten

Raff dich endlich auf
und nimm es in kauf
dass es besser ist
als Aktionist

Chillen ist kein Thema
nur kein Lebensschema
und jede Sekunde
scharren die Schweinehunde

Schnapsidee

Die Ideen sprudeln
Genau so muss man's machen
Jeder neue Schnaps
Lässt einen neue Idee entfachen
Die sind grandios
Und mit dem großen Feuerdrachen
Ist es zu schaffen
Ganz klar Wirkungen und Ursachen
Wer das nicht sieht
Über den muss man doch lachen

Sturmfrei

Endlich sind die Eltern aus dem Haus
Und es kann der Punk abgehen
Alle Freunde kommen zum Besuch
Und die Party kann losgehen

Einfach klasse – frei für eigene Aktionen
Die Stellung ist unbesetzt
und man kann tun und lassen was man will
im hier und jetzt

Luftikus

Auf den Wolken schweben
Mit Frohsinn und ohne Angst
Bloß kein biederes Streben

Den schweren Lebenslagen
Nur entrinnen
Und einfach nein sagen

Unbekümmert das Sein genießen
Freude an der Sekunde
Und weiter die Leichtigkeit begießen

Traumtänzer mit heiteren Idealen
Das Leben viel zu kurz
Um es mit Tristesse auszumalen

Glanzgewimmel

Was für ein Gewimmel
Am Sternenhimmel
Ein wundersames Leuchten
Wundervoll zu beobachten

Fantastisch dieser Blick
in die Unendlichkeit der Hemisphäre
ein gigantischer Überblick
weit weg von unserer Atmosphäre

Gleich einem Diamantenfunkeln
im kosmischen Dunkeln
es beschleicht die Seele mit Entzücken
und schlägt in einem Brücken.

Wermutstropfen

Der Augenblick war klasse
Alles fast perfekt
Wir saßen auf der Terrasse
der Tisch gedeckt
Die Gespräche heiter und offen
Ideen wurden ausgetauscht
Gedankengüter haben sich getroffen
und man hat einander gelauscht

Nur bei einem Thema
das war bitter zu begreifen
Hatte jeder sein Schema
und konnte nicht reifen

Blütenzauber

Die ersten Blüten kommen
Und entfalten ihre Farbenpracht
Ich bin wie benommen

Die ersten Blüten gehen auf
Und zeigen ihre geniale Schönheit
Im natürlichen Zeitenlauf

Die ersten Blüten entpuppen sich
Tanzen zur Musik der Sonne
Wundervoll und herrlich

Die ersten Blüten leben
Erfreuen sich an ihrem neuen Sein
Mit dem sie Freude geben

Warmduscher

Du kleiner Schatten Parker
Die Hitze des Seins ist zu schweißtreibend
Schwächelst schon wieder
Mensch sei doch nicht so ein Weichei
Feigling du Sensibelchen
Na dann dusch mal weiter warm

Feierabend

Endlich Feierabend
An dem danach labend

Auf in den Biergarten
In der Hand ein Spaten

Gemütlich feiern
Freizeit steuern

Mit Freunden zusammensitzen
Mit Humor und vielen Witzen

Spaß haben
sich daran laben

Zechpreller

Der Zechpreller
Wäscht nun Teller
Ein Versuch war's wert
War ja auch liebenswert
Nur geht das halt nicht
Zu verspeisen sein Gericht
Um dann das Weite zu suchen
Der Wirt kann da nur fluchen
Aber diesmal hat man ihn erwischt
Und ihm die Wahrheit aufgetischt
So ist er zum Tellerwäscher geworden
Und bekommt den Einsichtsorden

Armleuchter

Cool kannst du mit deinen Armen leuchten
und die Herzen befeuchten
aber so richtig koscher bist du kaum
du doofer Idiotenbaum

A sch kann ich nur sagen
Wie kann man es echt nur wagen
So krankhaft blöd zu sein
Geht das den in dein Hirn nicht rein

Schabernack

Faust dich hinter den Ohren
Bin ich dazu ausgekoren
Schindluder zu treiben
An die Wände schreiben
Klingeln zu putzen
Um dann die Beine zu nutzen
Habe stets Streiche im Sinn
Treibe so manchen in den Wahnsinn
Packe lausbubenhafte am Schopf
Und habe viel Blödsinn im Kopf
Und dabei geb ich so richtig Gas
Es mach ja auch einen Heidenspaß
Ach ich liebe es sehr
Und such nach mehr

Schluckspecht

Trinken wie der Specht
Nur nicht das Wasser aus der Rinde
Sondern betäubende Flüssigkeit

Einnehmen wie der Specht
Kontinuierlich und voller Genuss
Mit betörender Wirkung

Schlucken wie der Specht
Sich darin geradezu verlieren
Aber keine Schnapsdrossel

Schmiere Stehen

Wache schieben
um den Dieben
Rückhalt zu geben
und achtzugeben
dass da niemand
um die Ecke gerannt
und den Gefolgsmann
erwischen kann

Marotte

Eine kleine Eigenart
Hat ja jeder
Ist auch recht apart

Einen kleinen Tick
Haben wir alle
Ist auch ganz schick

Einen sonderbaren Zug
Haben wir zu eigen
Ist auch völliger Humbug

Eine komische Schrulle
Haben viele
Und das oft volle Pulle

Aus der Vergnügensflotte
eine Marotte
volle Lotte

Krokodilsträne

Zurschaustellung von Trauer
Liegt sie auf der Lauer
Um ihr rundherum
Einzulullen

Eine große Träne, so ein Leid
mit tiefe Traurigkeit
um Mitgefühl
zu erhaschen

Eine gewollte Tränensekretion
Wartend auf eine Reaktion
Um ein Opfer
zu erwählen

Zuckerpuppe

Na du kleine Süße
Wie ich dich begrüße
Bist so goldig und ein Leckerbissen
Ich muss dich jetzt schon arg vermissen

Na du kleines Herzchen
Du bist mein Zaubermärchen
So wundervoll sweet du Kleine
Ich brauche dich du bist die Meine

Mumpitz

Das ist ja wohl ein Witz
So was auch
Wohl ein kleiner Geistesblitz
Mit viel Schall und Rauch

Na du kleine Vogelscheuche
Stehst so vor dich hin
Im Hamsterrad mit großem Gekeuche
Ohne jeglichen Sinn

Neuland

Ich begebe mich auf ein Territorium
das neu für mich ist

Ich trete ein Abenteuer an
Wo ich nicht weiß
wie es ist

Ich fühle mich wie ein Erfinder
der sicher auf Glatteis tritt
und sich wundert
warum es so ist

Ich verstehe mich als Vorreiter
der voller Neugier Wege geht
die noch nie einer gegangen ist

Ich sehe nach vorne mit Begehren
Und freue mich auf das neue IST

Dorn im Auge

Ich wills nicht sehen
Es trübt meinen Blick
und ist ärgerlich
nur für mich

Es geht mir gegen den Strich
und ist echt hässlich
nicht mein Ding
weg damit

Der Dorn muss aus dem Auge
Wo ist der Psychoarzt
Objektiv betrachtet
Im Ich verachtet

Bestechung

Jeder ist bestechlich
Das ist ja klar
Jeder ist menschlich
Das ist wohl wahr

Der Eine kann der Schönheit
Nicht widerstehen
Den Anderen kann mit der Empfindsamkeit
Nicht umgehen
Der Dritte denkt nur in Zahlen
Und will Geld
Der Vierte sieht überall Rivalen
Denen er sich stellt

Jeder hat seinen Preis
Das ist ja klar
Und wer das nicht weiß
Ist der Unschuldsstar

Morgenmuffel

Immer wieder der linke Fuß
Zum Aufstehen verdammt

Grantlhuaba

Ja so a Grandler
Sacklezement
Ja mei so is a halt
Und wird so bleim

Aufbrezeln

Recht adrett
Und ganz nett
Rausgeputzt
Makeup genutzt
Schickes Outfit
Echt der Hit

Weg in die Pension

Jetzt ist es soweit
Und es ist an der Zeit
Abschied zu nehmen von den Kollegen
vielleicht mit manchen Freundschaft pflegen.

Eine halbe Ewigkeit bei der Firma geschafft
Viel bewegt und mit Geisteskraft
die Firma unterstützt soweit es geht
an der einen oder anderen Schraube gedreht.

So viel Zeit am Standort verbracht
und gesiegt in so mancher Veränderungsschlacht

Die Kollegen vermissen dich ja jetzt schon sehr
denn den hilfsbereiten Franz gibt es nun nicht mehr

Alles geht auch mal vorbei und hat einen Neubeginn
und letztlich ja wohl für die Zukunft ein großer Gewinn.
Man kann sich seiner Leidenschaft mehr verschreiben
und manchmal einfach auch nur zu Hause bleiben.

Die Firma hat dich verloren und muss dich ziehen lassen
und du kannst dir einen neuen Anstrich verpassen
Mit mehr Engagement bei manchem Verein
oder was so sonst noch so kommen mag im Sein

Auf alle Fälle langweilig wir es dir schon nicht werden
im Bayernland und hier auf Erden.

Wir wünschen dir für deine neue Lebensepoche
Viel Freude jede Sekunde, jeden Tag und jede Woche
Lass dich zu neuen Ufern treiben
Und dir gechillt die Zeit vertreiben
Und wenn du mal Sehnsucht hast
Komm vorbei zur kleinen Freizeitrast

Inhaltsverzeichnis

Zeitfracht Medien GmbH
Ferdinand-Jühlke-Straße 7
99095 Erfurt, Deutschland
produktsicherheit@kolibri360.de